하루하루 마음 씀씀이가 좋아지는
마법의 말 25

copyright ⓒ 2005 by Takumi Yamazaki
All rights reserved.

No part of this book may be used or reproduced in any manner
whatever without written permission except in the case of brief quotations
embodied in critical articles or reviews.

Original Japanese edition published by Sanctuary Books Inc.
Korean Translation Copyright ⓒ 2005, 2013 by EIJI21, Inc.
Korean edition is published by arrangement with Sanctuary Books Inc.

하루하루 마음 씀씀이가 좋아지는
마법의 말 25

야마자키 다쿠미 지음 | 김하경 옮김

에이지

한국의 독자 여러분께

나는 스물한 살 때부터 세계 여기저기를 다니기 시작했습니다.

처음으로 간 필리핀, 그리고 괌. 첫 미국 체험.

머리에 야자나무가 자라는 하와이에서의 초체험도.(웃음)

뉴욕, 로스엔젤레스, 파리, 밀라노, 런던, 방콕, 싱가포르, 베트남, 독일, 오만, 바르셀로나, 북유럽 등 여러 지역을 여행하는 동안, 가장 강한 인상을 받은 나라가 한국입니다.

거리 풍경, 언어, 얼굴 생김새 등은 일본과 닮아 있는 듯하지만 조금 다릅니다.

친구도 많이 생겨 외국 친구가 가장 많은 나라가 한국이기도 합니다.

그래서 시작한 것이 한국어를 공부하는 일이었습니다.

지금도 한국 강연에서는 서투른 한국어를 섞어가며 말하기도 합니다.

시대는 점점 다이내믹해져 세계의 상식도, 인식도, 미래에 대한 기대 모습도 변했습니다.

그런 가운데 우리들 마음이 바뀜으로써 전 세계가 바뀐다는 확신을 모두가 가지고 있습니다.

이 책은 단순히 커뮤니케이션에 대한 책이 아닙니다.

'당신의 미래'와 '당신'이 어떻게 만날 것인가 하는 접점을 찾아줍니다. 이 책을 읽는 동안 조금씩 바뀌어 가는 당신과 만날 수 있을 겁니다.

아무쪼록 여러분의 꿈 실현에 이 책이 조금이나마 도움이 되길 바랍니다.

야마자키 다쿠미

들어가며

작은 마음 씀씀이로 새로운 자신과 만나다

나는 학창시절 인간관계에 자신이 없었다.
어떻게 해야 좋을까?
내가 뭘 잘못한 걸까?
상대편이 이상한 걸까?
이런 내 자신이 싫어지기까지 했다.
그러던 어느 순간 '성격을 고쳐보면 어떨까?'라는 데 생각이 미쳤다.

상냥하다고 주위의 칭찬을 받는 사람들을 연구하며 그들의 행동 유형을 따라하기 시작했던 것이다.

정중한 태도로 인사하려고 항상 주의하고, 다른 사람의 이야기를 열심히 들으려고 노력하며, 친구 기념일에 잊지 않고 선물을 보내기도 하고, 우산을 깜빡 두고 온 사람에게 "역까지 바래다 드릴까요?"라며 먼저 말을 걸었다.

처음에는 쑥스럽고 어색해서 상당한 용기를 내어야 했다.

주위 사람의 놀림을 받기도 하고, '흑심이 있는 거 아냐?'라는 의심을 받기도 했다.

하지만 그런 말은 무시했다.

이런 행동을 지속하면 언젠가는 그것이 자신의 성격으로 자리 잡아, 다른 사람을 배려하는 습관이 점차 몸에 배어 자연스러워진다.

그리고 새롭게 나를 알게 된 사람은 이렇게 변한 나를 '본래 친절한 사람'으로 받아들일 것이다. 이런 식으로 새로운 인간관계가 시작된다고 나는 믿는다.

이 책은 내가 오랜 시간 발견한 커뮤니케이션의 방법을 엮은 것이다.

이 책에는 현재 여러분과 관계를 맺은 사람, 앞으로 여러분과 만날 사람, 그리고 여러분 자신을 대하는 기본적인 마음 씀씀이가 담겨 있다.

누구나 쉽게 할 수 있는 일이므로 당장 내일부터 꼭 실천하길 바란다.

야마자키 다쿠미

당신을 변화시키는 마법의 문은

무심코 지나치는 사소한 일상생활 속에 숨겨져 있다.

그 문들을 하나씩 열 때마다 새로운 자신과 만나게 될 것이다.

Contents

한국의 독자 여러분께 — 004

들어가며 — 006

01. 그거, 좋은데! 주위 분위기를 좋게 만드는 마법 — 013

02. 정말 기뻐요! 호의를 끌어들이는 마법 — 017

03. 앵무새 화법 상담에 응하는 마법 — 021

04. 네 생각이 옳아! 신속하게 화해하는 마법 — 027

05. 흥미진진함을 보이는 눈 인상에 남는 대화를 하는 마법 — 033

06. 부탁하기 같은 꿈을 꾸는 친구를 늘리는 마법 — 038

07. 뒷이야기는 다음 기회에! 관계를 항상 새롭게 유지하는 마법 — 042

08. 감사의 문자 다시 만나고 싶은 사람이 되는 마법 — 047

09. 저는 이런 사람입니다 만남을 헛되지 않게 하는 마법 — 052

10. 그럼, 물론 가야지 자신을 아는 마법 — 056

11. 상대편의 특징 수집 상대편에게 한 걸음 더 다가가는 마법 — 060

12. 말씀 많이 들었습니다 새로운 집단에 녹아드는 마법 — 065

13. 당신은 어떻게 생각합니까? 모임의 분위기를 살리는 마법 — 069

14. 있잖아, 그거 알아? 주목을 끄는 마법 — 074

15. ○○에게서 배웠다 다른 사람을 치켜세우는 마법 — 078

16. 어미에 물음표를! 정보를 수집하는 마법 1 — 082

17. 항상 메모장을! 정보를 수집하는 마법 2 — 088

18. 어떻게 느낄까? 이야기를 매끄럽게 시작하는 마법 — 092

19. 영상 토크 이야기에 현장감을 더하는 마법 — 096

20. 일단 한잔하러 갑시다 일을 원활하게 진행하는 마법 — 101

21. 틈틈이 빈 시간을 활용하는 마법 — 105

22. 선물의 달인 마음을 사로잡는 마법 — 109

23. 저, 기억하세요? 단골이 되는 마법 — 113

24. 모두 여기 모여라! 사람을 끌어들이는 마법 — 117

25. 하루에 즐거운 일 하나! 매력을 높이는 마법 — 121

나오며 — 126

01
주위 분위기를 좋게 만드는 마법

그거, 좋은데!
작은 긍정의 변화를 알아차리는 힘

후배에게

"어머, 머리 모양 바꿨네?"
"네."
"괜찮은데! 정말 잘 어울려!"

친구에게

"어머, 그 핸드백 새로 산 거야?"
"언니가 선물한 거야."
"예쁘다. 패션 감각이 있네."

상사에게

"팀장님, 요즘 날씬해지신 것 같아요."
"그래? 얼마 전부터 헬스클럽에 다니기 시작했거든."
"잘하셨네요. 얼굴이 좋아지셨어요."

하루하루 마음 씀씀이가 좋아지는 마법의 말 01

> **POINT**
> - 상대편을 만나면 가장 먼저 '바뀐 부분이 없는지' 확인한다.
> - '작은 변화'를 발견하면 놓치지 말고 말을 건넨다.

 누구나 자기 자신에게 가장 관심이 많다. 단체 사진이 나오면 제일 먼저 자신의 모습부터 찾아보게 마련이지 않은가.

 하지만 사람은 대부분 당신이 생각하는 만큼 당신에게 관심이 없다. 따라서 머리 모양이나 패션, 체형 등 자신의 '사소한 변화'에 관심을 기울여주는 사람이 있다면 그를 특별한 존재로 여기게 되는 것이 어찌 보면 당연한 일이다. 그런 사람을 위한 일이라면 '팔을 걷어붙이고 나서겠다!'고 생각하는 사람도 있을 것이다.

 평소에 부지런히 주위 사람을 관찰해보라. 그리고 뭔가 변화를 알아채면 멋쩍어하거나 주저하지 말고 바로 표현하라.

 "요즘 정말 일을 열심히 하시는군요."

 "요즘 예뻐지셨어요."

"요즘 건강해 보이시네요."

이런 식으로 주위 사람의 '작은 변화'에 관심을 보이면 그들은 서서히 당신을 신뢰하게 된다. 그러다 보면 중요한 일을 맡게 되거나 협상이 순조롭게 진행되는 등의 행운이 찾아올지도 모른다.

멋쩍어도 쑥스러워하지 말고 칭찬한다.

02
호의를 끌어들이는 마법

정말 기뻐요!

상대편이 당신에게 무엇인가를 해주었을 때
마음껏 기뻐한다

상대편   생일 축하해!

당신   하하하! 고마워! (진심으로 크게 기뻐한다)

상대편   자, 이거. (선물을 건넨다)

당신   정말 나한테 주는 거야? 우와~! 지금 풀어봐도 돼?

        (호기심을 가득 담아)

상대편   어서 풀어봐.

당신   와! 멋진걸! 고마워! (선물을 풀어보고 굉장히 놀란다)

하루하루 마음 씀씀이가 좋아지는 마법의 말 02

- 당신을 기쁘게 해주려는 상대편의 호의를 놓치지 마라.
- 상대편의 호의를 눈치챘다면 크게 기뻐하라! 물론 감사의 인사도 잊지 말 것!

선물을 주었을 때 상대편이 아주 기뻐하면 선물을 준 사람도 기분이 좋다. 그러면 그 사람을 자꾸자꾸 기쁘게 해주고 싶어지는 것이 인지상정. 그것은 물건뿐 아니라 정보나 지식, 사람이 될 수도 있다. 그렇기 때문에 '정말 기뻐할 줄 아는 사람'에게는 근사한 물건이나 정보, 사람들이 여기저기에서 모여들게 마련이다.

꼭 그런 걸 바라서는 아니지만 누군가가 좋은 영화를 소개해주었을 때, 생일 선물을 주었을 때, 업무 요령을 가르쳐주었을 때, 식사에 초대했을 때, 재미있는 사람을 소개해주었을 때 항상 그 기쁨을 말과 행동으로 '마음껏' 표현하는 태도가 중요하다.

비록 선물받은 물건이 당신의 취향과 다르거나 그다지 필요

없는 물건이더라도 말이다. 당신에게 '무엇을 해주었는가'는 문제가 되지 않는다. '무언가를 해주려는 호의' 그 자체가 중요하다.

상대편이 멋쩍어질 정도로 과장하여 표현해도 좋다. 상대편의 호의를 정확히 알아차려 쑥스러워하지 말고 "고마워!" "기뻐!"라고 말하라.

당신을 향한 호의는
당신이 기뻐할수록 더욱 많아진다.

03
상담에 응하는 마법

앵무새 화법

상대편의 말에
의문부호를 붙여 되묻는다

상대편	요전에 제가 의논드렸던 일 말인데요. 그게 무산되었어요.
당신	네? 무산되었다고요?
상대편	예상하지 못한 문제가 발생해서 말이죠.
당신	문제라니요?
	……

> **POINT**
> - '자, 어디 한번 들어볼까?'라는 편안한 마음으로 상담에 응한다.
> - 이야기의 핵심이 되는 단어에 물음표를 붙여 되묻는다. 또는 상대편이 한 말을 그대로 반복한다.
> - 눈을 크게 뜨고 고개를 끄덕일 때는 동작을 크게 한다.
> - 대화의 흐름이 끊어지면 곧바로 다음 화제로 이끈다.

지금까지 누군가가 상담을 요청했을 때 어떤 식으로 대응해왔는지 생각해보라.

"그건 이렇게 저렇게 해야 돼."라고 열심히 조언해도 상대편이 "네, 잘 알겠습니다."라고 순순히 받아들이는 경우는 거의 없었을 것이다.

대부분은 "그게 분명 그렇기는 하지만―."이라며 자신의 행동이나 생각을 옹호하는 듯한 반응을 보인다. 때로는 "그 정도는 저도 이미 알고 있습니다!"라며 버럭 화를 내는 사람도 있다. 두 가지 경우 모두 문제 해결에는 전혀 도움이 안 된다.

즉 해답을 알려주는 것만이 항상 올바른 대응이라고 할 수 없다는 뜻이다.

사람들이 고민을 호소할 때는 상대편에게서 해답을 구하고자 하는 것이 아니라 '자신의 힘으로 해답을 찾는 기회'를 만들고자 하는 것이다.

그러니 다른 사람이 고민거리를 들고 상의해오면 단숨에 문제의 해답을 알려주려 하지 말고 먼저 '대화의 서브권'을 모두 상대편에게 넘겨보라. 상대편에게 좀 더 많이 말할 기회를 줌으로써 그의 입에서 해결책이 튀어나오게 유도한다.

문제 해결의 열쇠는 문제를 마음속에 담아두는가, 아니면 밖으로 끄집어내는가의 차이에 있다. 대부분의 고민은 말로 표현하기만 해도 객관적으로 그 문제를 바라보게 되어 스스로 해결할 수 있기 때문이다.

A   고민하는 친구

B   나

A   일이 꼬여 어렵게 돼 버렸어.

B   그래? 일이 꼬였다고?

A   완전히 꽉 막혔어.

B   저런, 꽉 막혔구나.

A   아니야, 해결책이 하나 있긴 해.

B   그래? 해결책이 하나 있어?

A   역시 그 방법으로 할 수밖에 없는 건가?

B   그 방법이라―.

A   맞아, 그거야. 그렇게 하자!

  실제 상황에서도 늘 예문처럼 문제가 쉽게 풀린다고는 단정할 수 없다. 하지만 의외로 이런 식의 화법이 상대편에게 환영받는 예가 많다. 이 '앵무새 화법'으로 방향을 잃고 헤매던 사람이 해답을 발견하고, 절망에 빠져 있던 사람이 기운을 되찾은 경우를 많이 보았다. 가끔은 "고마워. 너는 정말 설득력이 있는 친구야."라는 감사의 인사까지 들으면서 말이다. 난 아무 대답도 해주지 않았는데 정말 불가사의한 일이다.

*하지만 너무 노골적으로 이 화법을 사용하면 만담처럼 들리므로 주의하자.

상담을 해오는 사람은 이미 해답을 알고 있다.

04
신속하게 화해하는 마법

네 생각도 옳아!
의견이 충돌하면 상대편을 인정한다

04 하루하루 마음 쏨쏨이가 좋아지는 마법의 말

사례 1

상대편   이건 흰색 같은데.
나   아니, 난 검은색이라고 생각해.
상대편   아니야, 흰색이 맞아.
나   과연 그렇군. 자네 이야기를 들으니 흰색이라는 말도 맞는 것 같군. 하지만 검은색도 틀리지 않은 것 같은데ㅡ. 어떻게 생각해?

사례 2

상대편   이건 흰색 같은데.
나   아니, 난 검은색이라고 생각해.
상대편   아니야, 흰색이 맞아.
나   그래? 어쩌면 흰색일지도 모르겠군.

사례 3

상대편 이건 흰색 같은데.
나 아니, 난 검은색이라고 생각해.
상대편 아니야, 흰색이 맞아.
나 왜 흰색이라고 생각하지?
상대편 예전부터 쭉 흰색이었으니까.
나 예전부터라면 언제부터를 말하는 거야?
상대편 10년쯤 전.
나 아아, 10년 전이라면 우리가 처음 만났을 때 맞지?
상대편 그래, 그렇군.
나 그 당시 자네가 무슨 일을 했었지?

> **POINT**
> - 의견이 둘로 나뉘면 상황에 따라 다음 세 가지 방법으로 해결의 실마리를 찾는다.
>   ① 상대편 의견을 인정하면서 자신의 의견도 인정하게 만든다.
>   (무승부에서 대화 전개)
>   ② 상대편 의견을 깨끗하게 인정한다. (진 상태에서 대화 전개)
>   ③ 화제를 자연스럽게 바꾼다. (싸우지 않는 상태에서 대화 전개)

토론을 할 때 서로가 '옳다'고 생각하는 부분에서 정면으로 부딪히면 격한 언쟁으로 대화가 발전한다. 이렇게 되면 이기든 지든 씁쓸한 뒤끝이 남게 마련이다.

그렇기 때문에 가능한 한 의견이 대립해도 상대를 이기려고 하는 자세는 피하는 게 좋다.

토론의 목적은 언쟁이 아니라 동의를 얻는 데 있다. 그럼에도 격한 언쟁으로 서로 등을 돌려 버린다면 이는 본말이 전도된 것이다.

서로의 의견이 팽팽하게 맞서 냉랭한 기운이 감돌기 전에 당신이 해결의 실마리를 찾아보라.

여러 방법이 있지만 그중에서 가장 권하고 싶은 대화법은 무승부로 유도하는 방식이다. '당신 의견도 옳고, 내 의견도 옳다고 생각한다'라고 일시적으로 매듭을 짓고, 결론은 다음 기회로 넘긴다. 이렇게 하면 상대편은 마음속으로 '내 의견을 옳다고 인정해주었으니 그 사람 의견도 맞을지 모른다'라는 생각이 들어 한 걸음 양보하게 된다.

한편, 스스로 자신의 의견을 꺾는 것도 한 가지 방법이다. "과연 그렇군요. 제가 틀렸어요. 당신 생각이 옳습니다."라고 깨끗하게 물러나 본다. 그러면 격한 논쟁을 각오했던 상대편은 '이상한데?'라고 생각한다. 이 '이상한데?'라는 의문이 '어쩌면 이 사람의 생각도 일리가 있을지 모른다'라는 생각을 불러오는 계기가 된다.

마지막으로 화제를 완전히 다른 쪽으로 돌리는 방법이 있다. "왜 그렇게 생각해?"라는 질문을 반복하면서 서서히 화제를 다른 방향으로 유도한다. 이 방법은 먼저 시간을 두고 냉정해지는 편이 좋다고 생각할 때나 의미가 없는 의견 대립이라고 생각하는 토론에 효과적이다.

어쨌든 토론에서 매번 이길 필요는 없다.

다른 사람보다 우세하지 않으면 뭔가 손해 보는 듯한 기분이 들어 불안할 수도 있지만 인간관계는 계속 이어지는 것이다. 긴 안목으로 보면 그때그때의 토론에서 지더라도 자신에게 돌아오는 이익은 오히려 많아진다. 중요한 것은 서로의 자존심에 상처주지 않고 좋은 관계를 유지하면서 성장해가는 데 있기 때문이다.

그리고 시간이 지나면서 주위 사람은 상대편을 배려하는 당신의 마음을 깨닫게 될 것이다.

정말 훌륭한 사람은 '져주는 여유'가 있다.

05

인상에 남는 대화를 하는 마법

흥미진진함을 보이는 눈

대화할 때 시선을 바꿔본다

05 하루하루 마음 씀씀이가 좋아지는 마법의 말

대화할 때 상대편의 눈과 눈 사이에서 조금 아래,
상대편의 코에서 약간 위쪽 부위를 응시한다.

하루하루 마음 씀씀이가 좋아지는 마법의 말 05

> **POINT**
> - 매일 아침 1분 동안 거울 앞에서 '흥미진진한 눈' 만들기를 연습한다. "정말요?" 또는 "우와!"라고 소리 내어 반응하는 연습을 하면 더욱 효과가 있다.
> - 누군가와 '흥미진진한 눈'으로 이야기해본다. 이때 상대편의 눈을 똑바로 쳐다보지 않는다.
> - 자신의 의견을 말하려는 순간, 상대편의 눈을 직시하거나 반대로 시선을 돌린다.

흥미진진한 눈은 반드시 완벽하게 익히자.

흥미진진한 눈이란 평상시 당신의 눈빛을 말하는 것이 아니다. 호기심으로 반짝이는 눈, 놀라움으로 가득한 눈, 상대편에게 '당신의 이야기를 집중해서 듣고 있다'는 인상을 주는 눈이다.

이런 눈을 만들 수 있다면 사람들은 당신에게 더욱 많은 호의를 베풀게 될 것이며, 당신의 의견에 귀를 기울일 것이다. 입이 닳도록 아부를 하거나 논리적으로 딱딱한 이야기를 하는 것보다 이 눈이 훨씬 효과적이다.

그리고 대부분의 사람은 다른 사람이 자신의 눈을 뚫어지게 쳐다보면 말하기 어려워하므로 상대편의 눈을 지나치게 바라보지 않도록 한다. 이야기를 들을 때는 눈과 눈 사이에서 조금 아래, 상대편의 코에서 조금 올라간 부위에 시선을 두면 좋은 느낌을 준다. 이렇게 함으로써 두 사람 사이의 '보이지 않는 벽'이 얇아지고 서로가 하고자 했던 말이 쉽게 전달된다.

시선 처리가 익숙해지면 눈의 움직임에도 변화를 줘보자.

당신이 '정말 하고 싶은 말'을 전할 때, 즉 "부탁드립니다."라든가 "전 이렇게 생각합니다."라고 말하는 순간에 얼른 상대편과 눈을 맞춘다.

반대로 일부러 시선을 다른 곳으로 돌리거나 그대로 자리에서 일어서는 방법도 효과적이다. 이 방법은 마지막 한마디에 강한 인상을 심어주어 상대편의 마음속 깊이 전달된다.

아직 이 말이 이해되지 않는다면 TV 드라마의 한 장면을 생각해보자.

취조 중인 형사가 갑자기 자리에서 일어서서 심각한 표정으로 창밖을 바라본다. 그리고 혼잣말처럼 "자네 어머니, 흐느끼고 계셨어."라고 중얼거린다. 바로 그런 느낌이다.

눈으로 한 편의 드라마를 만들어라.

06

같은 꿈을 꾸는 친구를 늘리는 마법

부탁하기

친해지고 싶은 사람에게 먼저
뭔가를 부탁해본다

상대편   저 노래 정말 좋아요!
나   다음에 그 CD 좀 빌려주시겠습니까?

상대편   냉면을 너무 좋아해서 전국에 있는 유명한 냉면집은 다 찾아다녀요.
나   아, 그럼 이번에 제가 여행을 가는데, 그 지역의 맛있는 냉면집이 있으면 좀 알려주세요.

상대편   그분 말씀을 들으면 정말 배울 점이 많아요.
나   기회가 있으면 제게 꼭 소개해주시겠습니까?

하루하루 마음 씀씀이가 좋아지는 마법의 말

> - '이 사람과 친해지고 싶다'는 생각이 들면 뭔가를 가르쳐달라거나 빌려달라는 등의 간단한 부탁을 해본다. 상대편이 잘 아는 분야라면 더욱 좋다.
> - '재미있었다', '맛있었다' 등의 결과 보고를 겸해 다음번에는 상대편이 좋아할 만한 답례를 한다.

처음 만난 사람과 친구가 되었으면 하는 생각이 들 때가 있다. 그렇다고 다짜고짜 "저와 친구가 되어 주세요!"라고 말한다면 '도대체 이 사람 뭐야?'라며 이상하게 여길지 모른다. 친해지고 싶을 뿐인데 현실적으로 그리 쉽지 않을 때도 많다.

처음 만난 사람과 단숨에 거리를 좁힐 수 있는 방법이 있으면 좋을 텐데―.

이런 고민을 하는 사람이라면 상대편에게 뭔가 '부탁'해보라.

예를 들면 음악이나 영화에 관한 이야기를 하다가 자연스럽게 그것과 관련된 CD나 DVD를 빌려달라고 부탁한다. 맛있는 음식점이나 재미있는 행사 등에 관한 대화를 나누었다면 좀 더 상세한 정보를 메일로 알려달라고 부탁한다. 이때 상대편이 잘 아는 분야가 좋다. 어쨌든 상대편이 귀찮아하지 않을 정도의 간단한 부탁을 하는 것이다. 상대편이 기꺼이 그 부탁을 들어준다면 두 사람의 관계는 이미 한 걸음 나아간 것이다.

그리고 이번엔 답례 인사를 해야 할 차례다. 상대편이 좋아할 만한 멋진 답례를 한다면 친해질 계기가 생긴다.

하지만 이것은 어디까지나 계기일 뿐이다. 이렇게 시작된 관계를 이후에도 계속 소중하게 유지하길 바란다.

최초의 인간관계는 답례 인사에서 시작된다.

관계를 항상 새롭게 유지하는 마법

뒷이야기는 다음 기회에!

대화가 무르익었을 때 일단락 짓는다

하루하루 마음 씀씀이가 좋아지는 마법의 말 07

(대화가 한창 무르익은 상태에서 잠시 후)

나 이제 슬슬 일어날까요?

상대편 벌써요? 더 이야기해요. 지금 한창 재미있는데―.

나 자자, 그러지 말고 다음에 계속하죠. 다음 주에 만납시다.

> **POINT**
> - 대화나 분위기의 열기가 식기 전에 자리를 파한다.
> - 다음에 만날 약속을 잡아 상대편에게 기대감을 안겨준다.
> - 상대편이 잡아끈다고 해서 미적미적 앉아 있지 않도록 주의한다.

 모든 물건에는 유통기한이 있다. 아무리 마음에 쏙 드는 물건이라도 계속 사용하다 보면 언젠가는 싫증이 난다.

 이는 사람 사이의 관계에서도 마찬가지다. 여러 번 만나 이야기를 나누다 보면 두 사람 관계의 유통기한이 차츰 만료되어 간다. 그러다가 결국 다음 만남에 대한 기대치가 줄어든다. 이는 매번 그 사람과 '배가 부를 만큼' 이야기를 했다는 증거다.

 당신은 이런 경험이 없는가? 재미있는 이야기보따리를 있는 대로 풀어놓고 신나게 떠들었더니 마지막에는 진이 다 빠져 지치고 만다. 이렇게 되면 다음에 또 그 사람과 만날 때는 무의식적으로 조금 마음이 무거워진다.

회의에 들어가는 장면을 떠올려보자.

지난번 회의 분위기는 아주 좋았다. 그렇지만 제안된 아이디어에 대해 서로 충분한 의견 교환이 이루어지고 나서 회의가 끝났을 경우와 서로의 의견을 활발히 나누기 시작하는 시점에서 끝났을 경우, 과연 어느 쪽이 오늘의 회의를 더 활기차게 만들까? 어떤 경우가 당신이 회의실로 향하는 발걸음을 가볍게 해줄 수 있을까.

이제부터는 '대화는 80퍼센트(70퍼센트라도 좋다) 정도만 채우겠다'고 정해두고 과감하게 자리에서 일어서자. 절정에 도달했다고 생각하는 지점에서 단호하게 끝맺는 것이다. '조금만 더 이야기하고 싶다', '좀 더 앉아 있고 싶다'는 생각이 드는 타이밍이 가장 적당하다. 이렇게 하면 서로가 '또 만나고 싶은 사람', '더 이야기하고 싶은 사람', '좀 더 같이 있고 싶은 사람'이라는 인상으로 헤어질 수 있다. 그리고 다음 만남을 즐거운 마음으로 기다리게 된다.

일이나 놀이에서도 마찬가지다. 한 번의 만남에서 자신의 모든 것을 보여주지 않는 것이 좋다. 자신의 모든 지식을 꺼내 보이지 마라. 텔레비전 드라마의 '다음 이 시간에'라는 자막처럼 그 순간은 아쉽지만 다음 만남에 대한 기대를 안겨주는 것이 중요하다.

뒷모습이 아름다운 사람은 언제나 새롭다.

08
다시 만나고 싶은 사람이 되는 마법

감사의 문자

돌아가는 길에
문자 메시지를 보낸다

08 하루하루 마음 쏨쏨이가 좋아지는 마법의 말

오늘 바쁘신데 일부러 시간을 내주셔서 감사합니다. 재미있는 시간을 보내게 해주셔서 뭐라 감사의 인사를 드려야 할지 모르겠습니다. 또 뵙게 되기를 진심으로 바랍니다.

- 오늘 바쁜데 시간을 내줘서 고마워. 정말 즐거웠어.(^_^)
- 오늘 바쁠 텐데 시간 내줘서 생큐☆
- 진짜루!(^_^)!(^_^) 즐거웠어!(^_-) ~♡

하루하루 마음 씀씀이가 좋아지는 마법의 말 08

> **POINT**
> - 파티나 식사, 모임 등을 마치고 돌아가는 길에 함께했던 사람들에게 문자 메시지나 전화로 '오늘 고마웠어.' '오늘 정말 즐거웠어.'라고 마음을 전한다.
> - 되도록 빨리 연락한다. 가능하면 상대편이 집에 도착하기 전에 하는 것이 좋다.
> - 어떤 내용을 적을 것인가보다 잊지 않고 메시지를 보내는 정성이 중요하다.

다른 사람을 만나서 이야기를 나누고 헤어진 뒤 당신은 어떤 기분이 드는가?

'정말 좋은 시간이었어!'라고 만족하는 날도 있겠지만 '오늘 내가 말실수를 한 건 아닌지—', '그런 말을 해도 괜찮았을까?' 하는 불안이 남는 날도 많을 것이다.

이 작은 불안을 그냥 방심하고 넘어가서는 안 된다. 그냥 내버려두면 '그 사람과의 다음 만남'이 점점 두려워진다. 그리고 그러는 사이 '다시 만나지 않는 편이 좋을지도 모른다'는 데까지 생각이 미친다.

혹시 지금까지 만난 사람 가운데 그런 사람이 있다면 오늘부터 사람을 만날 때마다 '감사의 문자'를 보내보라. 시간은 빠를수록 좋다. 가능하면 집으로 돌아가는 길에 문자 메시지를 보낸다. 특히 그날 처음 만난 사람과의 관계는 아직 불안한 상태이므로 그 관계를 앞으로 더 발전시켜갈지, 그대로 소원해지고 말지는 문자를 보내는 속도에 달려 있다.

상대편도 나와 같은 불안을 느끼고 있다. 그는 집에 도착할 즈음에 문자 메시지를 발견하고 분명 기뻐할 것이다.

'오늘 고마워. 정말 즐거웠어.'

이런 말을 들으면 누구나 기분이 좋아진다. '그 사람 괜찮은데', '또 만나서 이야기하고 싶어'라고 생각을 품게 하는 계기가 되기도 한다.

물론 모든 사람이 이런 문자를 기분 좋게 받아들이지 않을 수도 있다. 하지만 그런 부분까지 일일이 신경 쓸 필요는 없다. 다른 사람과 관계를 구축하는 데 가장 중요한 것은 상대편과의 만남을 기대하는 당신의 마음이기 때문이다.

시간 내줘서 고마워.

09

만남을 헛되지 않게 하는 마법

저는 이런 사람입니다

회사 명함 이외에
개인 명함을 준비한다

이름, 별명, 주소, 전화번호, 휴대전화 번호, 메일 주소 외에 직업, 생일, 혈액형, 출신지, 취미, 경력, 좋아하는 영화, 스포츠, 음악, 음식, 책 등을 적어두라.

> **POINT**
> - 회사 명함 이외에 사적으로 만난 사람에게 사용할 수 있는 개인 명함을 만든다. 개인 명함은 자신이 직접 만들거나 디자인을 잘하는 친구에게 부탁한다.
> - 잠시 스치는 사람에게도 명함을 건네는 습관을 기른다. (가게 점원이나 술집에서 우연히 옆자리에 앉은 사람 등)

명함은 교우 관계를 넓히는 데 아주 중요한 도구다. 업무적인 부분에서 명함을 사용하는 사람은 많다. 하지만 회사 이외의 개인 명함을 준비하는 사람은 의외로 적다.

회사 명함은 사용할 수 있는 범위가 한정되어 있다. 회사 명함에는 개인 정보가 거의 실려 있지 않기 때문에 격의 없는 편안한 자리에서 건네주기에 부담스러울 때도 있다.

누군가를 만나면 메일 주소나 휴대전화 번호를 교환하자. 그렇다고 일부러 상대편의 수첩을 빌려 연락처를 적어주거나 자신이 메모한 종이를 건네주기는 왠지 어색하다. 이럴 때 개인 명함을 만들어 평소에 가지고 다니면 요긴하게 쓸 수 있다.

개인 명함에 이름과 자택 주소와 연락처는 물론 간단한 경력이나 좋아하는 것, 자신의 홈페이지 주소 등을 함께 기재하면 좋다. 명함의 디자인에도 자신의 개성을 부각시킨다.

누가, 어디에서, 어떤 식으로 연결되어 당신에게 행운을 가져다줄지 모르는 일이니까.

새로운 사람과 만나는 일에 좀 더 적극적인 태도를 가지길 바란다.

'평상시의 당신'을 선전하라.

⑩
자신을 아는 마법

그럼, 물론 가야지
모임에는 되도록 얼굴을 내민다

하루하루 마음 씀씀이가 좋아지는 마법의 말 ⑩

나　　　늦어서 미안! 일 하나가 안 끝나서 말이야.
상대편　벌써 모임은 끝났어. 일부러 와주었는데 내가 더 미안하네!
나　　　아니, 별말을 다하는군. 난 그저 얼굴만이라도 내밀고 싶어서—.
상대편　다음에도 꼭 와줘.

> **POINT**
> - 바쁘더라도 갈 수 있는 모임이나 행사, 술자리에는 되도록 참석한다. 갈지 말지 고민된다면 지금부터는 가는 쪽을 택하라.
> - 늦더라도 얼굴은 내민다.
> - 갈 수 없을 때는 가까운 사람을 대신 참석시킨다.

 항상 모임 참석 요청을 거절하거나 갑자기 약속을 취소하는 사람을 보면 조금 안타깝게 느껴진다. 분명 일이 바쁠 때도, 어쩐지 마음이 내키지 않을 때도 있을 것이다. 그렇다 하더라도 초대받은 모임이나 행사, 술자리에는 비록 제 시간에 도착하지 못하거나 몸 상태가 조금 나쁘더라도 되도록 참석하는 것이 좋다.

 자신을 잘 알려면 자신과 전혀 다른 유형의 사람, 또는 자신과 똑같은 유형의 사람을 많이 만나야 한다. 전혀 다른 유형의 사람은 당신의 새로운 가능성을 발견하게 해주고, 똑같은 유형의 사람은 당신을 객관적으로 바라보는 계기를 마련해

준다.

한정된 인간관계 속에 갇혀 있으면 진정한 자신의 모습을 발견하지 못한다.

'모르는 사람과 만나서 이야기하는 일이 성가시게' 느껴질 때도 있을 것이다. 하지만 그 자리에 나를 '부른다'는 것은 그곳에 분명 당신에게 도움이 될 만한 '인연과 힌트'가 있다는 뜻이다. 어쩌면 '지금까지 난 대체 뭘 하며 살았던 걸까?' 하는 생각이 들 정도로 충격적인 만남이 기다리고 있을지도 모른다. 일이 길어져 약속 시간이 지났더라도 최소한 얼굴이라도 내밀어라. 아무래도 시간이 나지 않을 때는 다른 사람에게 부탁하여 작은 선물이라도 보내자. 다른 사람과의 만남을 소중하게 여긴다면 언젠가는 '새로운 자신'과 만나게 될 것이다.

모임에 초대받은 날이 '길일'이다.

⑪

상대편에게 한 걸음 더 다가가는 마법

상대편의 특징 수집

상대편의 특징을
메일 주소록에 저장해둔다

이름	민혁준
별명	짱구
직업	카페에서 근무
가족 구성	부모님, 누나, 진돗개(이름은 청이)
장래 꿈	강이 보이는 집에서 사는 것
감명 깊게 본 영화	레옹
감명 깊게 읽은 책	태백산맥
좋아하는 음악	비틀즈

> **POINT**
> - 상대편과 나눈 대화나 메일을 통해 별명, 직업, 현재 기르는 애완동물, 패션 등 상대편의 캐릭터를 결정하는 정보(키워드)를 찾아낸다.
> - 이 내용을 메일 주소록(컴퓨터나 휴대전화)에 저장해둔다.
> - 그 사람과 다시 만나기 전에 주소록에 적힌 내용을 가볍게 훑어본다.

　상대편에 대해 얼마나 아는가? 또 어느 정도 신경을 쓰는가? 이에 따라 두 사람 사이의 마음의 거리가 달라진다. 사람은 아주 사소한 일이라도 자신에 대해 기억해주면 기뻐한다. 하지만 유감스럽게도 사람의 기억력에는 한계가 있다. 사람과 만날 기회가 늘어날수록 한 사람 한 사람에 관한 기억은 점점 더 흐려진다.

　어렵게 다시 만났는데 '이 사람 취미가 뭐였더라?' '이름은 기억나는데 무슨 일을 한다고 그랬지?'라며 마음속으로 애태웠던 적도 있을 것이다.

그래서 권하고 싶은 방법이 메일(컴퓨터나 휴대전화) 주소록 기능을 이용한 '상대편의 특징 수집'이다.

방법은 간단하다. 과거에 나눈 대화나 메일 내용에서 '그 사람의 캐릭터를 특징지을 수 있는 핵심 단어'를 발췌하여 주소록의 개인 정보란에 저장하면 된다.

예를 들면 그 사람이 좋아한다고 말한 영화나 음악, 책, 자주 가는 음식점, 중요하게 생각하는 물건, 출신지, 앞으로 예정된 행사, 현재 기르는 애완동물 등을 간단하게 입력한다.

상대편의 말을 꼼꼼하게 받아적을 필요는 없다. 전화로 통화하는 틈틈이 메모하거나 상대편이 보낸 메일의 일부를 복사하여 활용해도 좋다.

'제주도 출신', '여행을 좋아함', '최근 가게를 개업함' 정도의 대략적인 것이라도 그 정보가 상대편의 윤곽을 떠올리거나 대화의 화제를 제공하고 이야기의 흥을 돋우는 데는 충분한 실마리가 되어 줄 것이다.

이제 남은 것은 그 사람과 만나기 전에 이 '정보'를 확인하는 일뿐이다.

　자신의 사소한 부분까지 마음을 써주는 사람에게 나쁜 인상을 가지는 사람은 없다.

사소한 일이라도 기억해주면 감동한다.

⑫
새로운 집단에 녹아드는 마법

말씀 많이 들었습니다
자연스럽게 서로 알고 있는
사람의 이름을 댄다

말씀 많이 들었습니다 - 자연스럽게 서로 알고 있는 사람의 이름을 댄다.

나	처음 뵙겠습니다.
상대편	안녕하세요.
나	제가 A에게 항상 많은 도움을 받는답니다.
상대편	예? A와 아는 사이세요?
나	A에게 말씀은 많이 들었습니다. 재능이 뛰어나다고 입이 마르게 칭찬하더군요.
상대편	아니, 별말씀을요. 그렇지 않습니다.(A 녀석, 내 칭찬을 다해 주고)
나	B도 같은 말씀을 하시던데요.
상대편	B와도 친분이 있으시군요.

> **POINT**
> - 새로운 집단 속에 들어가면 그 집단에 소속된 사람들의 정보를 수집한다.
> - 다음에 그 집단에 포함되지 않은 다른 사람과 이야기할 때 자연스럽게 그 집단 내의 사람들에 관한 화제를 끄집어낸다.
> - 그 집단의 모든 사람과 '식사를 같이하는 수준 이상'의 관계까지 발전시킨다.

 새로운 집단으로 뛰어드는 데는 용기가 필요하다. 집단 안에 있는 사람들에게 당신은 이방인이다. 처음 얼마 동안은 아무래도 긴장감이 감돌게 마련이다. "처음 뵙겠습니다. 전 이런 사람입니다."라는 자기소개와 "반갑습니다." "잘 부탁드리겠습니다."라는 인사를 나누고 나서 그대로 어색한 침묵이 흘렀던 경험도 있을 것이다.

 이때 "제가 ○○에게 신세를 많이 지고 있습니다."라고 다른 사람의 이야기를 꺼내면 상대편의 굳게 닫힌 마음의 문을 하나 열 수 있다. 여기에서 좀 더 나아가 "○○은 참 재미있는 사람이죠?" "얼마 전에 ○○와 만났습니다."라는 식으로 두 사람이 모두 아는 다른 사람의 이야기를 많이 끄집어낼수록 그만큼 친밀도가 높아진다.

또한 여기서 중요한 것은 '다른 사람이 당신에 대해 높이 평가했다'는 정보를 넌지시 전하는 것이다. 그 집단에서 환영을 받는가 못 받는가는 당신이 그 집단에 들어감으로써 '집단 내의 분위기나 관계가 좋아졌는가, 그렇지 않은가'에 달려 있다.

물론 단순히 '아는 사람'이 많다고 그것을 '인맥'이라고 할 수는 없다. 인맥은 오랫동안 친분을 쌓아가면서 만들어지는 것이다. 천천히 시간을 들여 함께 술을 마시거나 여가 시간을 보내면서 '친구'라고 부를 수 있는 수준까지 관계를 발전시킨다. 친구의 기준은 '언제든 같이 밥 먹자고 불러낼 수 있는 사람'이라고 생각하면 이해하기 쉽다.

그 사람과 아는 사이라면 믿음이 간다.

13

모임의 분위기를 살리는 마법

당신은 어떻게 생각합니까?

한 사람 한 사람 의견을 물어
모두를 대화에 끌어들인다

화제를 돌린다

- 참, 그렇지. 당신 생각은 어때요?
- ○○씨라면 자네도 아마 같은 지역 출신이었지?
- 이건 자네의 전문 분야가 아닌가?

그 자리에서 소외된 사람에게 말을 건다

- 어때, 재미있어?
- 당신에게 꼭 소개하고 싶은 사람이 있습니다만—.
- 당신은 이 점에 대해 어떻게 생각합니까?

> **POINT**
> - 모임이나 술자리, 회의 등 사람들이 모이는 장소에서는 되도록 많은 사람에게 인사를 하고 말을 걸어 커뮤니케이션을 한다.
> - 한정된 몇몇 사람과 계속 이야기하지 않는다.
> - 특히 '모임에서 겉도는 사람'이 있으면 그 사람에게 화제를 돌리거나 다른 사람을 소개해준다.

 당신은 많은 사람들이 모인 자리에서 당당하게 중심으로 파고 들어가 대화를 주도할 수 있는가? 아니면 언제나 기죽어 뒤에서 가만히 서 있는 편인가? 아는 사람이 아무도 없으면 자신도 모르게 긴장하여 몸이 굳거나 주눅이 드는 사람도 많다.

 하지만 어렵게 시간을 내어 참석한 자리이므로 되도록 많은 사람과 이야기를 나누고 명함을 교환하는 등 적극적인 자세로 교류를 넓히려고 노력해야 한다.

 먼저 인사부터 시작해보자. 어깨에 힘을 빼고 얼굴에는 가벼운 미소를 띤다. 당신이 딱딱하게 굳어 있으면 상대편까지 긴장한다. 반대로 당신이 편안한 태도로 대하면 상대편의 긴장까지 풀어줄 수 있다는 사실을 명심하라.

이런 식으로 몇 사람에게 말을 걸었다면 이번에는 '다리 역할'을 자청하라. 옆에서 한마디 거들기만 하면 된다. 그 자리에 좀처럼 융화되지 못하는 사람은 '이야기할 기회'를 애타게 원하고 있을지 모른다.

"당신은 이 점에 대해 어떻게 생각하십니까?"

"이건 자네의 전문 분야가 아닌가?"

"아니, 내 이야기를 듣고 웃는 걸 보니 자네도 뭔가 짚이는 게 있나 보군."

이런 식으로 다른 사람이 이야기할 수 있는 기회를 많이 만들어주면 당신은 자연스럽게 그 자리의 중심인물로 자리 잡아 갈 것이다.

만약 말을 걸 수 없는 상황이라면 가벼운 눈인사 정도로도 충분하다. '나는 당신에게 신경을 쓰고 있습니다.'라는 의사만은 분명하게 전달하라. 이런 사소한 행동이 누군가에게 용기를 줄 수도 있기 때문이다.

수줍음을 많이 타는 사람일수록
이야기를 하고 싶어 한다.

⑭
주목을 끄는 마법

있잖아, 그거 알아?

'좋다!'고 느낀 것을 모두에게 알려준다

○월 ○일

부산역 근처에 있는 ○○중국집에서 짬뽕을 먹었다. 너무너무 맛있었다! 이런 데 맛집이 숨어 있었다니. 부산에 오는 즐거움을 또 하나 발견♪

○월 ○일

봄이 되면 진해의 벚꽃이 장관이라고 한다. 정말 기대된다! 벚꽃길이 한눈에 보이는 ○○카페에 가면 창문 한켠을 가득 채운 벚꽃을 볼 수 있다.

○월 ○일

해수탕, 족탕, 반신욕 등 20분 정도 욕조에 몸을 담그고 있으면 땀이 쫘~악 빠진다. 이렇게 하고 나면 기분이 최고다!

> **POINT**
> - 일상에서 '좋다!'고 느낀 것을 주위 사람에게 알린다. 일기를 블로그에 올려도 좋다.
> - 당신 주위에는 항상 '귀가 솔깃해지는 정보'가 넘쳐난다.

어떤 모임에서 재미있게 놀았다, 어느 영화가 감동적이었다, 어디에 있는 가게 인테리어가 근사했다, 어디 경치가 멋있었다, 어떤 요리가 맛있었다 등 무엇이든 자신이 '좋다!'고 느낀 것은 주위 사람에게 자꾸 알리도록 한다.

귀가 솔깃해지는 정보는 그 사람의 능력을 한층 높여준다. 자신이 감동받은 이야기를 들려주면 상대편에게까지 활기찬 기분이 전달된다.

이렇게 반복하다 보면 당신 주위에 있는 모든 사람에게 활기찬 기운을 불어넣을 수 있다. 마치 당신이 만든 곡을 모두가 힘을 모아 히트시키는 느낌이다.

그런 다음에는 반대로 당신을 만날 때 '뭔가 재미있는 정보를 알려줘야지'라는 생각을 하는 사람이 하나둘 늘어갈 것이다. 당신이 퍼뜨린 '좋은 것!'이 더 많은 '좋은 것!'을 이끌고 되돌아온다. 좋은 것을 혼자 독차지한다면 너무 아깝지 않은가!

물론 상대편이 흥미를 보이지 않을 수도 있겠지만, '좋다!'고 느낀 정보는 시한폭탄처럼 그 사람의 주위를 맴돌다 어느 정도 시간이 흐른 뒤에 펑하고 터지게 마련이다.

처음에는 흥미가 없었던 화제나 생소했던 단어도 대개 듣고 나서 3일 이내에 신기하게도 자신의 입을 통해 다시 나오게 된다. 좋은 정보란 원래 그런 것이다. 따라서 상대편이 당신의 말을 대충 흘려듣는다고 속상해하지 마라.

언제 어딘가에서 다른 사람에게 다시 그 정보가 전달될 테니까.

감동은 여운이 사라지기 전에 전한다.

⑮
다른 사람을 치켜세우는 마법

○○에게서 배웠다

얻어 들은 정보는
반드시 출처를 밝힌다

- 예전에 ○○씨가 알려준 그 가게 말인데요—.

- 그 사람은 전에 ○○씨가 소개해준 분입니다.

- ○○씨가 다리를 놓아준 덕분에 저희가 잘 만나고 있습니다.

- 그 영화 정말 재미있었어! ○○씨가 추천해줬어.

- ○○씨가 가르쳐주신 대로 해보았더니 정말 쉽더군요.

> **POINT**
> - 누군가가 알려준 정보, 소개해준 사람을 이야기할 때는 반드시 '○○씨가 가르쳐주었다(소개해주었다)'라고 밝힌다.
> - '소개해주길 잘했다'는 생각이 들 정도로 기쁨과 감사의 마음을 표현한다.

영화, 책, 음악 등 저작권이 중요시되는 분야에서는 일반적으로 '이 사람이 원작자입니다'라는 것을 밝히는 판권을 표시한다. 일상에서도 이런 의식이 필요하다. 다른 사람이 알려준 정보, 소개해준 사람을 제삼자에게 이야기할 때는 반드시 '○○씨가 알려주었다'는 말을 덧붙여 정보 제공자에 대한 경의를 표시하라.

이를 대수롭지 않게 여기고 그냥 넘어가면 나중에 성가신 문제가 발생한다. ○○씨가 소개해준 사람과 ○○씨보다 더 친해지거나 사업적인 관계로 발전했을 때 "쳇, 뭐야! 제멋대로잖아."라는 소리를 듣게 된다. 정보도 마찬가지다. 당신에게 정보를 제공한 사람이 나중에 배신감을 느끼지 않도록 항상 출처를 명확히 하는 습관을 들이자.

또한 소개자나 정보 제공자에게 부지런히 보고하는 태도도 중요하다.

"○○씨, 재미있는 분을 소개해주셔서 감사합니다. 어제 그분과 식사를 했습니다."

"○○씨가 조언해준 덕분에 새로운 기획안이 완성되었습니다. 정말 감사합니다."

아무리 바빠도 이 절차를 건너뛰어서는 안 된다. 상대편이 당신을 뿌듯하게 여길 정도가 될 때까지 철저하게 이를 실천한다. '내 도움 덕분에 그 사람 하는 일이 잘 풀린다'는 소리를 듣고 기분 나빠할 사람은 없다.

'정말 좋은 일을 했다!'는 생각이 들게 한다.

16
정보를 수집하는 마법 1

어미에 물음표를!
대화 중에 '네'로 말을
끝내지 않는다

나	어떤 일을 하십니까?
상대편	출판사를 경영하고 있습니다.
나	네, 어떤 책을 출판하십니까?
상대편	특별한 기준은 없습니다. 저희와 출판 방향만 맞으면 어떤 분야의 책이든 출판합니다.
나	그렇군요. 저자는 모두 유명한 분이십니까?
상대편	그렇지는 않습니다.
나	그럼, 저 같은 사람도 책을 낼 기회가 있을까요?
상대편	물론입니다. 원고를 한번 읽어보고 싶군요.
나	정말입니까? 그럼, 내일 바로 보내드리겠습니다.

> **POINT**
> - 대화를 '네' 또는 '흠' 같은 성의 없는 대답으로 끝내지 않는다.
> - 모든 어미에 의문부호를 붙인다는 기분으로 충실히 인터뷰하라.
> - '설마!' '과연!' 정도의 느낌으로 경쾌하고 가볍게 반응한다.

놀라운 이야기, 감동적인 이야기, 피와 살이 되는 이야기―.

언젠가 귀가 솔깃해질 만한 정보를 들고 와서 모든 이의 관심을 집중시키는 사람이 있었다.

어떻게 해야 그렇게 매력적인 대화법을 구사할 수 있을까?

어느 날 그 사람을 관찰하다가 특이한 점을 발견했다. 그것은 그 사람과 이야기하면 나도 모르게 내가 먼저 재미있는 정보를 가르쳐주고 싶어진다는 사실이다. 즉 대화법 자체가 뛰어나다기보다 '상대편이 기분 좋게 이야기할 수 있도록 유도하는 솜씨'가 있는 것이다.

당신은 대화를 나눌 때 어떤가? 상대편이 말할 때 '네' 또는 '흠' 같은 성의 없는 대답으로 일관하지는 않는가? 혹은 머리를 푹 숙이고 있거나 '다음에는 무슨 이야기를 할까'를 생각하며 건성으로 대답하지는 않는가?

이런 태도로는 상대편에게 괜찮은 정보를 이끌어낼 수 없을 뿐 아니라 상대편도 당신이 하는 이야기에 귀를 기울이지 않는다.

먼저 다른 사람을 만나면 기꺼이 듣는 역할을 자청하라. 방법은 아주 간단하다. 의식적으로 모든 말의 어미에 물음표를 붙여 화제를 더욱 흥미진진하게 만드는 것이다.

예를 들어보자.

나　　어떤 일을 하십니까?
상대편　식품 관련 일을 합니다.
나　　아아~ 네, 그러시군요.

이렇게 말하면 대화가 끝나고 만다. 하지만 다음을 보라.

16 하루하루 마음 쏨쏨이가 좋아지는 마법의 말

나　　　그래요? 식품 관련 일이라면 영업 말씀이십니까?
상대편　아니오, 생산입니다.
나　　　생산이라면 어떤 종류를 가리키는 겁니까?
상대편　닭고기입니다.
나　　　닭고기! 닭고기라면 혹시 토종닭도 있습니까?
상대편　물론 있어요.
나　　　있군요! 그 토종닭은 사원 할인 금액으로 살 수 있는 건가요?
상대편　네.
나　　　정말요? 그럼 저도 한 마리 부탁드려도 될까요?
상대편　그럼요.
나　　　이런 행운이! 그럼 다음에도 한 마리 주문할 수 있을까요?
상대편　네, 얼마든지 좋습니다.

계속 물음표를 붙여 대화를 이어가다 보면, 이런 식으로 생각지도 못한 정보를 얻을 수 있다. 대화는 집중해서 들을수록 나와 상대편이 모두 즐거워진다.

상대편의 세계에 빠져든다.

17

정보를 수집하는 마법 2

항상 메모장을!

생각이 떠오르면
곧바로 메모한다

친구가 추천한 책의 제목, 보고 싶은 영화 개봉일, 대화 가운데서 기억에 남는 문구, 가보고 싶은 가게 정보, 내일까지 해야 할 일 등 무엇이든 메모하자.

> **POINT**
> - 갑자기 떠오른 아이디어, 기억해야 할 사항은 모조리 문자화한다. 머리로만 기억하려고 해서는 안 된다.
> - 하루 중에 꼼꼼하게 메모를 하는 시간, 차분히 메모된 수첩을 읽는 시간을 마련한다.
> - 적을 내용이 아무것도 없다면 낙서를 하며 시간을 보내도 좋다.

 자신의 기억력을 너무 믿어서는 안 된다. 아무리 평범한 하루라 해도 새로운 정보나 아이디어 두세 가지는 반드시 접하게 마련이다. 이것을 절대로 놓치지 마라. 머릿속에 '번뜩' 떠오른 모든 내용을 메모로 남기도록 하자.

 예를 들면 친구가 추천한 책 제목, 보고 싶은 영화의 개봉 날짜, 대화 중에서 기억에 남는 문구, 가보고 싶은 가게의 정보, 내일까지 해야 할 일 등 무엇이든 메모한다. 또 무심코 떠오른 생각, 예컨대 일과 연관된 아이디어나 입고 싶은 옷의 디자인, 스스로에게 하는 충고, 있으면 편리하겠다고 생각한 물건 등도 기억이 선명할 때 얼른 적어둔다.

하루하루 마음 씀씀이가 좋아지는 마법의 말 17

   메모해야 할 순간이 언제 찾아올지는 알 수 없다. 이동하는 중에도 일부러 발걸음을 멈추고 가방에서 수첩을 꺼내야 하는 수고 정도는 기꺼이 감수해야 한다. 마침 수첩을 깜빡 잊고 나왔을 때는 휴대전화로 문자 메시지를 보내는 방법도 있지만 역시 손으로 직접 적는 편이 좋다. 아무래도 적는다는 것은 마음가짐부터 다르다.

   또한 수첩은 나중에 다시 꺼내 읽을 수 있다는 장점도 있다.

   아이디어가 꽉 막혔을 때 수첩에서 유용한 힌트를 얻거나 기분전환이 될 수도 있다. 어떤 단어의 효과적인 사용법이나 흥미진진한 이야기의 전개법 등 표현력도 점점 향상된다. 한번 빠져들기만 한다면 메모만큼 즐거운 작업도 없다.

기억의 축척이 현재의 당신이다.

18

이야기를 매끄럽게 시작하는 마법

어떻게 느낄까?

말을 꺼내기 전에 자신이 느낀 점을
있는 그대로 표현한다

- 지금 무척 긴장됩니다.
- 제대로 전달할 수 있을지 자신이 없어서 조금 떨립니다.
- 오해하시면 어떡하나 하는 걱정 때문에 불안합니다.
- 당신의 기분을 상하게 해드리고 싶지 않습니다.
- 어쩌면 이미 아실지도 모르지만―.
- 지금 이 이야기를 해야 할지 상당히 고민됩니다.

> **POINT**
> - 이야기를 너무 잘하려고 애쓰지 말고 먼저 '자신이 어떻게 느끼는지'를 말한다.
> - 자신이 느낀 점을 사실 그대로 표현한다.

하고 싶은 말이 있는데 제대로 전달할 자신이 없다. 어떻게 말해야 할지 생각하면 할수록 머릿속은 점점 복잡해진다. 하지만 말할 기회는 지금뿐이다. 현재 자신이 처한 상황이 점점 더 괴롭게 느껴진다.

이럴 때 시점을 '상대편에게 어떻게 전달할까?'에서 '나는 어떻게 느끼는가?'로 바꾸어보라. 이야기를 시작하기 전에 느낀 혼란스러움까지 포함하여 자신의 감정을 있는 그대로 말로 표현한다. 예를 들면 이런 식이다.

"막상 이야기를 하려고 하니 긴장이 되어 무슨 말부터 해야 할지 잘 떠오르지 않는군요. 차라리 말하지 말까 몇 번이나 고민했습니다. 하지만 지금 기회를 놓치면 영원히 말할 기회가 없다는 생각에 용기를 내어 솔직하게 제 마음을 털어놓기로

했습니다."

이렇게 하면 '마음속에 있는 말'과 '실제로 하려는 말' 사이에 균형이 잡혀 이야기가 매끄럽게 흘러간다.

말을 하는 도중에라도 이야기가 이상한 방향으로 흘러간다는 생각이 들면 그때마다 '내가 어떻게 느끼는지'를 확인하여 그것을 말로 표현하라.

'어떻게 느끼는지' 자신에게 묻는다.

⑲ 이야기에 현장감을 더하는 마법

영상 토크

머릿속으로 그림을 그리고 나서
이야기한다

하루하루 마음 씀씀이가 좋아지는 마법의 말 ⑲

○○씨에게 들은 재미있는 이야기를 하려고 한다.

⋮

이야기를 시작하기 전에 ○○씨가 손짓, 발짓을 하며 열심히 말하던 모습을 떠올린다.

⋮

상대편에게 "○○씨가 해준 이야기가 재미있어서 말이야!"라고 말하면서 머릿속으로 ○○씨의 영상을 더듬는다.

하루하루 마음 씀씀이가 좋아지는 마법의 말

> **POINT**
> - 이야기할 때, 이야기를 들을 때 모두 그 내용을 머릿속으로 영상화한다.
> - 좋은 것을 발견하면 자세히 관찰하는 습관을 기른다.

상대편까지 같은 체험을 한 듯한 느낌이 들 정도로 실감나게 자신의 체험을 전달하는 놀라운 화술을 가진 사람이 있다. 마치 텔레비전을 통해 생중계를 하듯 모든 사람을 자신의 세계로 강하게 끌어들인다.

이런 능력은 표현력이 풍부하기 때문에 생기는 걸까? 아니면 목소리가 곱기 때문일까?

사실 꼭 그렇지만은 않다. 이야기를 잘하는 사람은 여러 유형이 있지만 이들의 공통점을 하나 꼽으라면 상대편의 머릿속에 '단어'보다 정보량이 많은 '영상'을 보낸다는 것이다.

방법은 아주 간단하다. 이야기를 시작하기 전에 자신이 말할 내용을 머릿속에 영상으로 그리기만 하면 된다. 다른 사람에게 들은 이야기를 전하려 한다면 그 사람의 모습을 가능한 한 선명하게 떠올린다. 어디선가 본 아름다운 경치를 전달하려 할 때 그 아름다운 경치를 머릿속에 가득 펼쳐놓듯 말이다.

예를 들어 "○○씨가 그때 이런 말을 했어."라고 하기 전에 ○○씨가 몸짓, 손짓을 해가며 이야기하던 모습을 떠올려본다. "그때 본 석양은 너무나 붉었어."라고 말하기 전에 눈꺼풀 안쪽에 그 석양을 되새겨보라. 비록 같은 단어를 열거했다고 하더라도 이런 상태에서 한 이야기와 머리를 하얗게 비운 상태에서 한 이야기는 전혀 다른 느낌을 준다. 말을 잘하는 사람은 머릿속에 떠오르는 영상을 그저 말로 바꾸어 전달할 뿐이다.

19 하루하루 마음 씀씀이가 좋아지는 마법의 말

이 방법은 듣는 사람에게도 효과적이다. 상대편의 이야기를 들으면서 그것을 머릿속에 영상화시켜 나가면 두 사람이 서로 비슷한 영상을 떠올릴 수 있다. 꼭 실천해보길 바란다.

대화는 단어의 열거가 아니다.

일을 원활하게 진행하는 마법

일단 한잔하러 갑시다

상대편과 본격적으로 일을 시작하기 전에
식사나 놀이를 같이한다

상대편 　이번에 새로 업무를 담당하게 된 ○○○입니다. 잘 부탁드립니다.

나 　저야말로 잘 부탁드리겠습니다.

상대편 　그럼, 바로 업무로 들어가죠. 며칠 후에 있을 새 기획안 발표회에 대해 몇 가지 여쭙고 싶습니다만.

나 　네, 알겠습니다. 먼저 그전에 식사라도 같이하시는 게 어떠십니까?

> **POINT**
> - 직장에 새로 들어온 사람, 업무상 손을 잡게 된 사람 등 누군가와 처음으로 함께 일하게 되었을 때는 본격적으로 일을 시작하기 전에 먼저 식사나 술자리를 가진다.
> - 처음 한동안은 친분을 쌓는 데 중점을 두고 서서히 업무에 들어간다.

일의 성패는 커뮤니케이션에 달려 있다.

뛰어난 선수들만 모아두어도 경기에서 질 때가 있다. 이와 마찬가지로 기술이나 능력이 뛰어난 직원과 일한다고 해서 그 결과가 항상 좋으리라고 보장할 수는 없다.

직장 동료와 술자리를 가져라. 업무상 협력자와 같이 밥을 먹어라. 거래처 사람과 여가 시간을 함께 보내라.

특히 처음 만나는 사람과 함께 일할 때는 본격적으로 업무를 시작하기 전에 그 사람과 '친해지는 것'이 중요하다. 서로의 성격을 충분히 이해해야 일이 좀 더 순조롭게 진행된다. 서로의 가치관과 관심거리, 말투 등을 공유해가는 사이에 일의 질도 놀랄 만큼 좋아질 것이다.

  일을 빨리 끝내고 싶어서 곧바로 업무 이야기부터 시작했던 경우를 생각해보라. 이 방법이 지름길처럼 느껴지겠지만 사실은 가장 멀리 돌아가는 길이다.

절친이 되면 일은 순식간에 처리된다.

②

빈 시간을 활용하는 마법

틈틈이

장난치듯 가벼운 마음으로
연락해본다

장난 전화

오늘은 금요일이니까 '김'씨 성의 사람에게 전화를 걸어본다.

장난 메일

박성민 씨에게 메일을 보내려고 했는데 그만 잘못 눌러서 박성태 씨의 이름이 나왔다. 하지만 그대로 확인 버튼을 누른다.

> **POINT**
> - 화장실에서 볼일을 볼 때, 택시로 이동할 때 등의 자투리 시간을 이용하여 휴대전화에 저장된 전화번호에서 누군가를 찾아낸다.
> - 이러한 우연이 '분명 뭔가 의미가 있다'고 생각한다.
> - 특별한 용건이 없어도 가벼운 마음으로 "잘 지내?" 하고 연락해 본다.

일하는 도중에 뻥 뚫린 시간, 멍청히 이동하는 시간 등의 자투리 시간을 이용하여 누군가에게 연락을 해보자.

예를 들면 화장실에서 볼일을 볼 때 누군가에게 문자 메시지를 보내보라. 택시로 이동할 때 누군가에게 전화를 걸어보라.

누구에게 연락할지는 순전히 운에 맡긴다. '오늘은 이씨 성의 사람에게 연락해야지'라고 결정했다면 이름이 '이'로 시작하는 사람 아무에게나 전화를 걸어본다. 그리고 "오랜만이야! 특별히 용건은 없지만 갑자기 생각나서 말이야. 어때, 요즘 잘 지내지?"라고 말을 시작한다. 또한 별 생각 없이 컴퓨터 자판을 만지작거리다 불쑥 튀어나온 메일 주소로 편지를 보내는 방법도 추천한다. 주소록에 저장된 주소를 잘못 선택하여 나온 이름이라도 괜찮다.

이런 실수나 느낌으로 선택된 이름에는 분명 뭔가 의미가 있다. 이런 생각으로 주위 사람에게 연락을 해보면 꽤 재미있을 뿐 아니라 의외의 성과를 얻을 때도 있다.

'계속 당근만 심던 밭에 조금 빈 공터가 생겨 우연히 피망을 심었는데 큰 풍작을 거둔다.' 이런 행운은 머릿속으로만 생각해서는 결코 생기지 않는다.

우연의 힘을 믿는다.

22

마음을 사로잡는 마법

선물의 달인

평소 '그 사람이라면 좋아할지도'를
염두에 둔다

어느 옷가게에서 찾아낸 티셔츠

'이건 그 사람에게 잘 어울릴 것 같아.'

어느 서점에서 발견한 재미있어 보이는 소설

'책을 좋아하는 그 친구에게도 한 권 사서 줘야지.'

어느 잡화점에서 고른 컵

'얼마 전에 이사한 그 사람에게 선물해야지.'

- 선물하는 것을 하나의 취미로 삼는다. 평소에 '그 사람이 받으면 좋아할지도 모르는' 물건을 찾는 습관을 기른다.
- 기념일에만 선물해야 한다는 생각은 버려라. 주고 싶을 때 바로 선물하라.

가만히 있어도 사람과 돈, 좋은 일거리가 모여드는 사람이 있다.

이런 사람들 가운데는 특히 선물하기를 좋아하는 사람이 많다. 생일이나 크리스마스처럼 특별한 기념일이 아닌 날에 누군가에게 선물을 하면 상대편은 예상치 못한 선물을 받고 깜짝 놀라며 기뻐한다. 이들이 선물하는 이유는 그저 이 '깜짝 놀라며 기뻐하는' 얼굴을 좋아하기 때문이다.

선물하기를 좋아하는 사람은 쇼핑이나 여행 중에도 '그 사람이 사용하면 편리하겠다', '세상을 보는 눈이 넓어질지도 모른다', '잘 어울릴 것 같다', '푹 빠져들 것 같다'며 끊임없이 물건을 찾는다. 그렇기 때문에 선물의 내용과 그것을 보내는 태도 역시 자연스러워 상대편도 기꺼이 그 선물을 받는다.

자, 당신도 선물하기를 취미로 삼아 보면 어떨까? 자신이 흥미를 느끼는 대상이 넓어질 뿐 아니라 '누군가를 감동시키는 일'을 게임처럼 즐길 수도 있다.

만약 무엇을 선물해야 할지 잘 모를 때는 계속 쓸 수 없는 종류를 선택한다. 예를 들면 처음에는 먹을 것이나 꽃부터 선물해보는 것이다.

상대편을 기쁘게 하는 습관을 기른다.

23

단골이 되는 마법

저, 기억하세요?

눈으로 '당신을 기억합니다'라는
신호를 보낸다

처음으로 가게를 찾았을 때
자신과 잘 맞을 듯한 점원을 점찍어둔다.

두 번째로 그 가게를 찾았을 때
지난번에 점찍어둔 점원에게 가볍게 눈인사한다.

세 번째로 그 가게를 찾았을 때
이번에는 그 점원에게 가볍게 눈인사를 하고 "저, 기억하세요?"라고 덧붙인다.

다시 그 가게를 찾았을 때
점원이 먼저 말을 걸어온다.

하루하루 마음 씀씀이가 좋아지는 마법의 말 23

- 마음에 드는 가게를 발견하면 자신과 잘 맞을 듯한 점원을 물색한다.
- 그 점원에게 '아, 저번에는 고마웠어요.'라는 표정과 태도를 보인다.

즐겨 찾는 카페, 레스토랑, 술집, 옷가게 등에서 자신을 기억해주는 점원이 있으면 왠지 기분이 좋다. 그 가게를 찾을 때마다 "아! ○○님 어서 오세요."라고 말을 걸어주는 사람 말이다. 그들은 재미있는 시간을 보낼 수 있도록 세심하게 여러 가지 편의를 제공해주기도 한다. 그렇게 되면 말 그대로 '편안한 가게'가 되어 다른 데서는 느끼지 못하는 특별한 즐거움을 누릴 수 있다.

물론 여러 번 같은 가게를 찾는 사이 자연스럽게 단골이 되기도 한다. 하지만 의도적으로 '단골' 고객이 될 수 있다면 더 많은 '편안한 가게'를 만들 수 있을 것이다. 그 방법 중 하나가 '당신을 기억합니다'라는 신호다.

먼저 마음이 잘 맞을 듯한 점원을 물색하라. 그리고 다음에 다시 그 가게를 찾았을 때 지난번에 점찍어둔 점원에게 가벼운 눈인사를 한다. 물론 "저번에는 고마웠어요." 또는 "오늘도 계시네요." 등의 가벼운 인사말을 덧붙여도 좋다. 이렇게 몇 번 인사를 계속하는 사이 상대편에서 "아, 또 오셨군요!"라고 말을 걸어올 것이다. 이렇게 새로운 관계가 시작된다.

'아, 그 사람이다'라고 알아볼 수 있게 만든다.

24
사람을 끌어들이는 마법

모두 여기 모여라!
사소한 일을 이벤트로 만든다

혼자 영화를 본다

"모두 같이 보지 않을래?"라고 제안하여 함께 영화를 감상하는 시간을 만든다.

회사 동료와 점심을 먹는다

"함께 점심 하지 않을래요?"라고 제안하여 다른 업종의 사람도 끌어들인다.

친구와 둘이서 술을 마신다

"삼겹살 먹자."고 제안하여 다른 친구도 부른다.

하루하루 마음 씀씀이가 좋아지는 마법의 말

> **POINT**
> - 식사, 영화 감상, 스포츠 관전 등 혼자 또는 소수의 사람과 할 수 있는 일을 일부러 많은 사람에게 제안하여 이벤트화한다.
> - 단조롭고 지루한 작업도 게임처럼 만들면 다른 사람과 함께 즐길 수 있다.

특별할 것 없는 사소한 만남이라도 'ㅇㅇ회', 'ㅇㅇ모임'이라고 이름만 붙이면 사람들이 모일 수 있는 계기가 마련된다. 당신의 발상에 따라 무엇이든 이벤트화할 수 있다.

예를 들면 오늘 집에 돌아가서 혼자 영화를 볼 예정이었다고 하자. 이것을 여러 사람에게 "오늘 우리 집에서 영화 감상회를 열려고 하는데 어때요?"라고 제안함으로써 하나의 이벤트로 만들 수 있다. "오늘 밤에 저녁 같이할래?"보다 "친구들을 불러내어 같이 삼겹살 한번 배터지게 먹어볼까?"라고 말하는 편이 훨씬 흥이 난다. 또한 아주 재미없는 단순한 작업도 직원들에게 "누가 빨리 끝내나 내기할까?"라고 하면 즐거운 게임이 된다.

우리는 항상 즐거움을 추구한다. 즐거운 일이 여러 개 있으면 우리는 당연히 좀 더 재미있어 보이는 쪽을 선택한다.

"○○하고 싶은 사람 여기 모여라!"라고 말하는 아이 주위에는 항상 친구가 많이 모인다. 어른도 마찬가지다. 평소에 여러 가지 재미있는 놀이를 제안하는 사이에 어느새 그 사람을 중심으로 한 인간관계가 구축된다. 이런 사람에게는 저절로 운과 에너지, 정보도 모여든다.

사람을 모을 수 있는 기회는 항상 주위에 있다.

25
매력을 높이는 마법

하루에 즐거운 일 하나!

달력 날짜마다 '오늘의 즐거운 일'을
적어넣는다

- 여자 친구와 함께 라이브 공연을 보러 간다.
- 친구 집에 놀러 간다.
- 가족과 불고기를 먹으러 간다.
- 학교 친구들에게 연락하여 함께 술을 마신다.
- 퇴근길에 보고 싶었던 DVD를 빌려 온다.

하루하루 마음 쏨쏨이가 좋아지는 마법의 말

- 한 주를 시작하는 시점에 달력이나 수첩을 보며 이번 한 주 동안 매일 '재미있는 일'이 있는지를 확인한다.
- 아무 일도 없는 날에는 '재미있는 일'을 만들어서 적어넣는다. 누군가와 맛있는 음식을 먹으러 가거나 갖고 싶었던 물건을 사거나 이벤트를 계획하는 등 무엇이든 좋다.

결국 매력 덩어리는 하루하루를 즐겁게 보내는 사람이다. 일 년 365일 항상 눈을 반짝이며 두근거리는 가슴으로 뭔가를 기다리는 사람. 이런 사람은 주위에서 가만히 내버려두지 않는다.

"왜 난 하루하루가 시시하고 재미없을까?"라고 불평만 하는 사람은 자신의 생활을 되돌아보기 바란다. 인생은 '오늘'의 집합체다. 당신은 '오늘'을 즐겁게 보내기 위해 어떤 노력을 하는가?

달력을 보고 이번 주에 예정된 일을 확인해보라. 그런 다음 '이날은 재미있을 것 같다'거나 '이날은 재미없을 것 같다'로 분

류한다. 재미없을 듯한 날에는 무엇이든 '즐거움'을 하나 써넣는다.

물론 평범한 날도, 피로에 지친 날도, 정신적으로 스트레스를 많이 받는 날도 있다. 하지만 하루하루마다 이렇게 '즐거움'을 장치해두면 언제나 내일이 기대되고 기다려진다. 자연스럽게 항상 활기찬 생활을 하게 되며 주위 사람까지 밝아지게 만든다. 인생은 이런 일상의 반복이다.

우리는 모두 여가를 즐기고 여유 있는 삶을 누리려고 일을 한다. 하지만 그것이 어느 사이엔가 '일에 지친 몸을 쉬게 하기 위해' 여가를 사용하게 되었다. '놀 틈이 어디 있어! 더 열심히 일해야 해!'라고 자신을 채찍질한다. 하지만 이런 날들만 계속 이어진다면 도대체 언제 '즐거운' 날이 온다는 말인가! 먼 훗날 자신의 인생을 되돌아볼 때 '지금까지 뭘 위해 살았던 걸까?'라고 후회한다면 정말 슬픈 일일 것이다.

왜 자신이 매일 바쁘게 일하고 있는지 그 이유를 잊지 마라. 스스로에게 '왜?'라고 되물어보면 내일 해야 할 일이 저절로 보일 것이다.

'내일이 기대된다!'고 말할 수 있는
하루하루를 만든다.

나오며

이 책을 읽고 어떤 느낌이 들었습니까?
어제까지의 당신과 조금 달라진 걸 느끼시나요?
그렇다면 내일부터는
새로운 자신을 만나게 될 겁니다.
새로워진 자신은 새로운 미래를 만들어갑니다.
새로운 미래를 만들어간다는 것은
정말 즐겁고 신나는 일입니다.
상대편에 대한 배려의 방법을 바꿔보는 작은 노력이
이런 기회를 만들어줄지도 모릅니다.
이 책을 읽어주신 독자 여러분께 감사드립니다.

하루하루 마음 씀씀이가 좋아지는 마법의 말 25

1판 1쇄 발행 | 2005년 10월 31일
2판 3쇄 발행 | 2017년 10월 31일

지은이 | 야마자키 다쿠미
옮긴이 | 김하경
펴낸이 | 이동희
펴낸곳 | (주)에이지이십일

출판등록 | 제313-2010-249호(2004. 1. 20)
주소 | 서울시 마포구 성미산로 2길 33 202호 (03996)
전화 | 02-6933-6500 팩스 | 02-6933-6505
홈페이지 | http://www.eiji21.com

ISBN 978-89-98342-03-6 (03320)